Auf der Osterwiese ist heute eine Menge los. Die kleinen Osterhasen genießen den Sonnenschein und spielen am Fluss. Natürlich wird dabei auch das Ostereierverstecken geübt.
„Schaut mal! Da drüben schwimmt Maus Tibbi in einem Boot", freut sich Häsin Lilly. „Aber jetzt muss ich erst mal diese drei Eier verstecken."

„Ich brauche die Gelb!", ruft Hase Henry laut durch die Osterhasenwerkstatt. Ganz viele bunte Ostereier gibt es schon zu bewundern, denn jeder ist fleißig bei der Arbeit. Sogar Huhn Henni hilft mit. Schließlich müssen bis Ostern noch ganz viele Eier bemalt werden. „Oh, wie wunderschön!", lobt Eichhörnchen Elli.

VERSTECKE FÜR OSTEREIER

IM GRAS
UNTER BLUMEN
UNTER KISSEN
HINTER MÖBELN
IN EINEM NEST
VERPACKT ALS GESCHENK

In der Osterhasenschule ist heute das Thema „Muster" dran. „Wer kennt dieses Farbenmuster?", fragt die Lehrerin.
Während die kleine Flo in der ersten Reihe fleißig mitschreibt, spielt Daisy lieber mit dem Schmetterling, der auf ihrer Hand gelandet ist. „Hallo, kleiner Freund!", flüstert sie und bewundert das Muster auf seinen zarten Flügeln.

So viele Farben! Im Osterhasenlabor wird heute getestet, was das Zeug hält. Die neue Farbe scheint sehr gut an den Eiern zu halten.
„Schaut, wie schön sie leuchtet", sagt Dr. Hoppel stolz und notiert alles auf seinem Testbericht.
Osterhase Tobi probiert die neuen Farben gleich aus.
„Die Punkte sehen toll aus!", findet er.

Osterhasen sind nicht nur super im Verstecken, sie müssen auch schnell und wendig sein, damit sie keiner erwischt. Zum Glück können Paul und Benni im Trainingsparcours ganz leicht ihre Sprungkraft und Geschicklichkeit testen.
„Und jetzt mit wenigen Hopsern über den Teich", ruft Benni und macht sich bereit.

„Wurde auch langsam Zeit, dass wir einen kurzen Urlaub machen können", freut sich Huhn Hilda und begibt sich auf den Weg zum Pool. Das ganze Eierlegen ist schließlich anstrengend. Zum Glück liegen sie gut in der Zeit und können sich eine wohlverdiente Pause gönnen. „Ahh, die Sonne tut gut", seufzt Hahn Harry und schließt genüsslich die Augen.

Osterwiese

Werkstatt

Trainingsparcours

GRÜN

LILA

ROSA

Hühnerhof

Im Wasser

Regenbogental

Picknick

Ostertheater

Osterhasendorf

FROHE OSTERN

Familie Löffelohr

„Juchuuu! Die Osterhasen kommen!", freut sich Robbe Robbie. Endlich gibt es wieder bunte Eier. Darauf freuen sich die Meeresbewohner jedes Jahr. „Seht mal, die neuen Luftblasen schützen die bunten Farben noch besser als letztes Jahr." Krake Karl nimmt sich gleich zwei Körbe mit. Schließlich hat er ganz viele Geschwister. Sooo schöööön!

Im Regenbogental glitzert und leuchtet der große Regenbogen mit den bunten Eiern um die Wette. „Das sind also all unsere Farben?", fragt Häsin Sally und bewundert ihren kleinen Regenbogen im Glas. „Wooow."
„Ja, die und noch viele mehr, schwärmt ihre Freundin Becky.

„Hat das Wettrennen schon angefangen?", fragt Tina und stößt sich wieder kräftig vom Boden ab. „Huii ... Nein, ich glaube, die meisten wärmen sich noch auf", antwortet Willi, der ihr auf der Wippe gegenübersitzt.
Ob Turbo dieses Jahr wieder gewinnen wird?

Die Waldlichtung ist der perfekte Ort für ein Picknick. Auf der großen karierten Decke lässt es sich supergemütlich sitzen und wenn es zu warm wird, kann man sich im kleinen See abkühlen. „Gibt es noch eine Karotte?", fragt Max hungrig. „Ja, klar, einen ganzen Korb voll", antwortet Luise. Hach, was für ein schöner Tag!

Die Osterhasenkinder haben ein Theaterstück einstudiert und heute ist die große Aufführung. Sogar ein paar Hennen und Lamm Leonard spielen mit. Das Publikum ist begeistert. „Hoffentlich verpasse ich meinen nächsten Einsatz nicht!", denkt Hase Finn. Doch er freut sich riesig, dass er Ritter Rübezahl spielen darf. Nur noch zwei Sätze, dann ist er wieder dran.

Es ist zwar noch früh am Morgen, aber im Osterhasendorf ist schon viel los.
Alle sind auf den Beinen und bereit, den neuen Tag zu beginnen.
Die kleine Leni macht sich auf den Weg in die Osterhasenschule und Sven
bringt eine Ladung Ostereier ins Lager.
„Freust du dich schon auf Oma?", fragt Papa Hase. Nur noch zwei Häuser,
und dann sind sie auch schon da.

Familie Löffelohr

„Guten Morgen, mein Schatz", sagt Mama Osterhase fröhlich und schwingt den kleinen Luca hoch in die Luft. „Habt ihr gut geschlafen?" Luca und Maxi Löffelohr nicken und stürzen sich schon auf das leckere Frühstück.

WILLKOMMEN